Keiner von uns

Der Autor

Bernhard Büscher geb.1948 in Kamen
bei Dortmund. Dort ist er bis heute verwurzelt.
35 Jahre war er in Kamen Polizeibeamter. Er
verstand seine Arbeit weitgehend wie ein
Sozialarbeiter
Bernhard Büscher verarbeitete Begegnungen und
Beobachtungen von Menschen während seiner
Arbeit in lyrischen Texten.
Erste Gedichte erschienen in der von Thomas
Bachmann herausgegebenen Anthologie
„Schlafende Hunde VI", in Zeitschriften (u.a.
„Ossietzky") und in Tageszeitungen.
Sein erster Gedichtband „Das sind die Hände"
wurde herausgegeben vom eBbook-Services Stöhr,
Leipzig.

Bernhard Büscher

Keiner von uns

Gedichte

Elba

Impressum

Herstellung und Verlag:
BoD Books on Demand, Norderstedt
ISBN: 9783750408234

Erstauflage 2019

© 2019, Elba
www.elkebannach.com

Elke Bannach
Extertaler Ring 14
06792 Sandersdorf-Brehna
E-Mail: e_bannach@yahoo.de

Bilder: Oliver Lückmann

Prolog

Die Schönheit des Berges

Ich sah die Schönheit des Berges
der Weg nach oben war reizvoll.
der Wunsch ihn zu gehen, wuchs in mir.
Aber ich wusste nicht wie

Er schien mir zu schwer,
wirkte zu steil,
man warnte mich,
ich würde mich verlaufen

So stand ich immer nur vor
dem Berg, sah seine Schönheit
traute mich nicht, ihn zu erklimmen,
hatte Angst vor dem Versagen

Die Sehnsucht wurde stärker
die Unsicherheit blieb.
Ich blieb stehen und sah hoch
wusste nicht weiter

Dann kam einer zu mir und sagte
versuche es doch,
fang einfach an ihn zu gehen.
sieh, wie weit du kommst

er machte mir Mut,
und ich fing an. Ich weiß nicht
wie weit ich komme, aber
er fühlt sich gut an, der Weg

Begegnungen

Menschen

Es gibt große und kleine
dicke und dünne
schwarze gelbe rote und weiße
blonde, rote und schwarzhaarige
und auch welche ohne Haare
Es gibt gute und böse
es gibt welche die bestimmen
und welche die bestimmt werden
aber im Tod werden alle gleich

Vertrauen

Er hatte ein Gesicht
das gut war für alles

wenn etwas gestört wurde,
zog man ihn zur Rechenschaft

wurde etwas zerstört
wurde er beschuldigt

war etwas verschwunden,
musste er es genommen haben

gab es Streit, mit Sicherheit
hatte er angefangen

er störte, er log,
klaute, zerstörte, stritt

Dann kam einer,
der vertraute ihm

Zerstört

Er war ein guter Schüler
war intelligent und wissbegierig

er war sozial aufgeschlossen
war sehr musikalisch

Sport war sein schönstes Hobby
hier hatte er Erfolge

Dann kamen sie
drängten sich in sein Leben

boten ihm den großen Rausch an
sprachen von der Schönheit des Rausches

Sie überredeten ihn, er griff zu
wollte den Rausch einmal spüren

Als der Rausch vorbei war
war er zerstört

Er war keiner von uns

Er war keiner von uns.
Wo kam der eigentlich her
Seine Eltern waren arm
er war dreckig, und wie
sah er denn eigentlich aus

Beim Spielen schlossen wir ihn aus
beim Mannschaftssport wollte ihn keiner haben
egal, was wir veranstalteten
er wurde nicht einbezogen
trafen wir ihn draußen
kannte ihn keiner

Die Zeit verging
unsere Wege trennten sich
nicht nur die Zeit
auch die Räume trennten uns
wir wurden älter
und hörten kaum voneinander

Dann wollten wir uns noch einmal sehen
wir trafen eine Verabredung
einer war da, eine angesehene
Persönlichkeit, gutaussehend
vor dem alle anderen Respekt hatten
Aber warum sah er uns nicht

Die Ehrung

Er sollte die Firma übernehmen
musste lernen, was er nicht wollte
als er die Lehre beendet hatte
war die Firma pleite

Er führte die katholische Jugend
wurde verhaftet
man suchte bei ihm Schuld
die es nicht gab

Er wurde entlassen
weil man nichts fand
sie suchten weiter und
wollten ihn wieder verhaften

Er musste Soldat werden
sonst hätten sie ihn geholt
ging zur Luftwaffe
verunglückte dort

Krank aus dem Krieg zurück
wurde die Verletzung nicht anerkannt
er klagte dagegen
die Klage wurde zurückgewiesen.

Er arbeitete in seinem Beruf
und fiel immer wieder aus
er war krank
gab aber nicht auf

Gründete eine Familie
Kinder kamen
mit seiner Frau erzog er sie
zu sozialen Menschen

kümmerte sich um die
Menschen um ihn herum
konnte helfen manchmal
wenn etwas verwehrt wurde

brachte sich in die Demokratie ein
arbeitete mit im Rat der Stadt
kümmerte sich hier
vor allen um Jugendliche

Er baute vieles auf
kümmerte sich um noch mehr
für ihn selbst blieb wenig
seine Rente war klein

er wurde von vielen gemocht
den meisten geachtet
dann wurde er krank
und starb

Drei Tage nach der Beerdigung
übergab man der Witwe
mit dem herzlichen Beileid
das Bundesverdienstkreuz

Die starke Frau

Sie war eine starke Frau
kümmerte sich um die Familie
half in der Nachbarschaft
mischte sich in die Gesellschaft ein

Dann, irgendwann vergaß sie die Termine
auch die Namen der Menschen
Freunde wurden ihr fremd
tat sie etwas

wusste sie nicht mehr
warum. Was sie kurz vorher
getan hatte, war nicht mehr vorhanden

den Ort, an dem sie sich befand,
kannte sie nicht, wusste
nicht mehr den Weg
den sie gehen wollte

fiel in die Vergangenheit zurück
längst vergangene Freuden
tauchten wieder auf
auch die Trauer

sie sprach gerne
dann vergaß sie die Worte
redete immer weniger
fing an zu schweigen

es kam die Zeit, dass sie ihre Kinder
nicht mehr erkannte, sie konnte
nicht mehr lachen. das Gesicht
wurde starr, die Augen wurden leer

dann kam der Tag, die Kinder
waren da, da schaute sie alle mit großen
Augen an. Als sie das letzte Kind
angesehen hatte, erlosch ihr Licht

Reichtum

Sie hatten wenig Geld
man nannte sie die Armen
waren sie aber nicht
denn sie hatten sich

Die Eltern lebten den Kindern vor
nicht Neid, nicht Missgunst
Toleranz macht das Leben schöner
versteh den Menschen, das macht reich

Alle verstanden sich
waren füreinander da
kannten die Stärken des einen
die Schwächen des anderen

Als sie älter wurden, verloren
sie sich nicht aus den Augen
freuten sich miteinander
trauerten gemeinsam

Trafen sie sich, war es
wie früher. Sie sahen den anderen
als er Kind war, freuten sich sichtbar
mit ihm über seinen Erfolg

Als die Eltern sie brauchten
waren sie da, ließen sie
nicht allein. Jeder trug
seinen Teil bei

Sie stellten fest, sie waren nie
arm gewesen waren

Der Blick in den Spiegel

Geboren in einem Land
in dem Frieden herrscht
geliebt von den Eltern

zur Schule gegangen
einen Beruf gelernt
den Lebensunterhalt verdient

geheiratet, Kinder bekommen
die zur Schule gingen
und auch einen Beruf erlernten

Nie Angst gehabt, sie zu verlieren
die aber das Haus verließen
als sie selbstständig waren

während du in Rente gegangen bist
Sorgloser Lebensabend
immer frei gefühlt

Glück gehabt

Zu teuer

Ich hörte die Frau, die ihrem Sohn sagte
stell den Joghurt wieder weg
der ist zu teuer,
wir können uns ihn nicht leisten

Ich hörte den Mann, der sagte
wenn ich mir etwas wünsche
kauf ich es mir am nächsten Morgen
mir fehlt die Vorfreude

Die alte Frau, die verzweifelt ist,
weil sie nach Mieterhöhung entweder
ihre Wohnung verlassen oder ihre
Mahlzeiten reduzieren muss

Ich kenne den Hauseigentümer
der Wohnungen leer stehen lässt,
weil er mit Leerständen
Steuern spart

die Mutter, die mit dem kranken
Kind den langen Weg zum Arzt
zu Fuß geht, weil ihr das
Geld für den Bus fehlt

und den Spekulanten
der sechs Luxuswagen besitzt
weil Geld auf der Bank
keinen Gewinn bringt

Die Angst besiegt

Sie hatte Angst

musste von zu Hause fliehen
floh in eine andere Stadt
die Angst floh mit

Es dauerte nicht lange
sie musste wieder fliehen
und mit ihr die Angst

Sie wechselte die Orte
wechselte den Namen
die Angst blieb

Dann kam sie in eine Stadt
sie wollte nicht mehr fliehen
die Angst besiegen

Sie fasste Vertrauen zu sich
dann auch zu den Menschen
die Angst wurde geringer

Sie wurde mutiger
strahlte mit ihrer Stärke
Sie war im Leben angekommen

Kämpfen

Sie fühlten sich ganz unten
der Job war weg
die Schulden wuchsen

Freunde zogen sich zurück
die Wohnung in Gefahr
sie wollten nichts mehr tun

Dann kam ein Kind
es schaute sie groß an
und fing an zu lachen

Da sahen sich die beiden an
und fingen an
zu kämpfen

Sitzen und warten

Da sitzt sie und wartet
Sie hatten sich jung kennengelernt
waren zusammengeblieben
hatten geheiratet

beide hatten einen Beruf
arbeiteten darin
hatten ein gutes Auskommen

Pläne gemacht
Kinder bekommen
ein Haus gebaut

alles lief gut
Kinder waren gesund
fühlten sich wohl in dem Haus

Dann kam der Tag
er hatte einen Unfall
kam nicht mehr nach Hause

jetzt sitzt sie hier
wartet vergeblich auf
das Klingeln. Sie muss hier raus

Mobbing

Sie war allein mit ihrem
Kind, musste arbeiten
um zu überleben

auf der Arbeit übersah man sie bewusst
gab ihr Aufgaben
die sie nicht bewältigen konnte

tadelte und
mahnte sie
weil sie die Leistung nicht brachte

machten sich über sie lustig
weil sie bei der Überforderung
hilflos war

bei Gesprächen ausgegrenzt
manchmal beschimpft
sie verlor die Lust am Leben.

Freunde

Er hatte eine Firma
Geld und Einfluss
wurde überall eingeladen
hatte viele Freunde

Dann verlor er seine Firma
das Geld wurde weniger
die Einladungen spärlicher
er wurde krank

Da lernte er seine Freunde kennen

Das Fest

Sie trafen sich
wollten ein Fest feiern
begannen mit der Planung

alle brannten
jeder hatte Ideen
von allen Seiten kamen Vorschläge

Sie fanden das Datum.
Wo soll es stattfinden
wer wird eingeladen

was wird gebraucht
welche Menschen
welches Material

wie teuer ist es
wer übernimmt die Kosten
die Suche nach Sponsoren

Als letztes kam die Frage
wer macht die Arbeit
da wurde es schwierig

Größe

Er war kein Riese
die Natur hatte es so bestimmt
wurde übersehen, gehänselt und gemobbt

Er lernte, war wissbegierig
lernte sehr viel
gab das Wissen weiter

Stellte sich vor den Schwächeren
half denen auf, die gefallen waren
munterte die Hilflosen auf

Er erarbeitete sich eine Größe
vor der jeder Respekt hatte

Eingesperrt

Er wurde angezeigt
und regte sich nicht

Er sollte sich schriftlich äußern
tat es aber nicht

Er bekam die Anklageschrift
und meldete sich nicht

Er wurde vorgeladen zum Gericht
zum Termin erschien er nicht

Er bekam einen Strafbefehl
keine Reaktion

Es kam der Haftbefehl
er ignorierte ihn

Dann kamen sie
um ihn festzunehmen

Auf dem Schrank lagen ungeöffnet die Briefe
er konnte weder lesen noch schreiben

Können

Es passierte, sie konnte
die Beine nicht mehr bewegen
ihr war klar, nie mehr

Sie nahm es an
verzweifelte nicht
gab keinem die Schuld

Es war nun mal so
laufen ging nicht mehr
alles andere war in Ordnung

Für sie war klar, der Kopf
war in Ordnung, Hände und Arme
mussten mehr arbeiten.

Sie zeigte allen
du musst zufrieden sein
mit dem was du noch kannst

Ins Leben

Sie liebte ihr Kind
es hatte das Down-Syndrom
hatte Angst, wollte aber loslassen

Sie brachte ihr Kind zur Schule
an der Ampel stand der Polizist
er sah sie schon von Weitem

Als sie sah, dass er immer dort stand
blieb sie ein Stück zurück
Er sah das Kind, lange bevor es kam

Sie blieb immer weiter zurück
vertraute den beiden
Der Weg ins Leben begann

Der Weg nach vorne

Er wurde unten geboren
sein Weg war vorgegeben
keiner war da, der ihm helfen konnte

als er anfing zu denken
wollte auch er wissen
wollte die Welt verstehen

da fing er an zu lernen
fragte nach, was er nicht verstand
eignete sich Wissen an

mit dem Wissen stieg sein Selbstbewusstsein
je mehr er wusste, desto stärker wurde er
fing an, sein Wissen zu teilen

klug und aufrecht ging er den Menschen entgegen
Rückschläge warfen ihn nicht um
er stand auf, setzte seinen Weg fort

als Erwachsener wurde er
ein starker, aufrechter Mensch
er setzte sich durch

aber immer wieder
blieb er stehen
sah sich um, sah zurück

Vertrautheit

Das erste mal als sie sich trafen
war der eine drei
und der andere Polizist

Der Polizist erzählte von seinem Beruf
der andere saß da
schaute ihn an und hörte zu

Sie trafen sich öfter
der eine erzählte
der andere hörte zu

Als der Kleine sechs wurde
kam er in die Schule
da stand der Polizist an der Ampel

sie begrüßten sich jeden Morgen
dann erzählte er von zu Hause
von der Schule, von seinen Träumen

Die Zeit verging
Er wurde älter und die Freunde wichtiger
er blieb nicht mehr so oft stehen

Dann kam die Zeit
da wechselte der Kleine die Schule
der Schulweg blieb

Sie sahen sich noch jeden Morgen
lächelten sich an und grüßten
Schule und Freunde verlangten mehr Zeit

Dann verließ der Kleine die Schule
sie sahen sich erst selten
dann gar nicht mehr

Als sie sich dann mal wieder trafen
erfuhr der Polizist was aus den Träumen wurde
für den anderen war es Vertrautheit.

Geboren

Vier Wochen alt
ein Kindermädchen
Mutter kommt nach Hause

Kind weint,
wird zum schlafen gelegt
Mutter ist zu müde

Vater kommt nach Hause
fragt nach dem Kind
sieht Sport vorm Fernseher

mit einem Jahr, in die Kinderkrippe
das Kind möchte kuscheln
geht nicht, zu viele Kinder

kommt nach Hause
möchte kuscheln, geht nicht
die Eltern zu müde

im Kindergarten
viele Kinder zum Spielen
keiner da zum Anlehnen

Kommt nach Hause
Suche nach Zärtlichkeit
keiner hat Zeit

Geburtstage
viele Geschenke
große Feiern

es bekommt alles
die Wünsche werden erfüllt
Zeit hat leider keiner

Schule: das Kind lernt
hat es Schwierigkeiten
bekommt es Nachhilfe

macht dasAbitur
besteht das Studium
eine gute Anstellung

Aber wer mit ihm zu tun hat
sagt: es ist kalt

Muttertag

Sie kamen alle
brachten Blumen
wünschten alles Gute
und setzten sich

sie hatte schon
am Tag vorher gekocht
selbst Suppe und Nachtisch
waren vorbereitet

Morgens aufgestanden
Kartoffeln geschält
Gemüse geputzt
Braten hergerichtet

Alles in und auf den Ofen
Tisch gedeckt und dekoriert
Stühle gerückt
alles schön gemacht

Sie kam aus der Küche
alles aufgetischt
es sollte allen gut gehen
sollte ihnen schmecken

nach dem Essen
Tisch abgeräumt
Geschirr gespült
und weggepackt

Dann Kaffee gekocht
Tisch gedeckt
Sahne geschlagen
Kuchen geschnitten

Am Tisch
Kaffee ausgeschenkt
Kuchen gereicht
und sich hingesetzt

Als sie sich gesetzt hatte
und zuhören wollte
standen die andern auf
sie mussten ja nach Hause

Die Familienfeier

Sie saßen zusammen beim Essen
es wurde geredet und gelacht
der eine trank Bier, der andere Wein

dann kam ein neues Thema
es wurde kontrovers
die Worte lauter

die Stimmung wurde aggressiv
die Parteien standen auf
standen voreinander

keiner hörte
dem andern zu, der
Gastgeber war machtlos

dann gingen sie nach Hause

Wir

Wir waren ein Team
ihr beide und wir
es war nicht immer einfach
aber es hat funktioniert

Es wurde gestritten
wurde gelacht
gemeinsam etwas unternommen
und zusammen etwas geschafft

Uns ging es gut
wir sahen euch
wir hatten euch
wir waren ein Team

Dann habt ihr euch getrennt
gefragt habt ihr uns nicht
habt gesagt es geht nicht anders
wir müssten es verstehen

ihr wolltet nur das Beste
für uns, was ist das Beste
mal bei dem einen
mal bei dem anderen

Eine andere Person tritt in euer Leben
Habt sie euch ausgesucht
Sagt, ihr mögt sie, ihr liebt sie
Was ist mit uns, müssen wir das auch

Wir hatten uns
ihr ward uns vertraut
Jetzt sollen wir anderen
vertrauen

Wir wissen ja noch nicht mal
wer und wie sie ist
wir müssen jetzt erst mal
unser Leben auf die Reihe kriegen

Verloren

Ich hab dich geboren
hab dich aufwachsen sehen
habe deine Liebe erlebt
habe mit dir gelacht und geweint

Ich hab dich getröstet
du gabst mir Kraft
wenn es mir schlecht ging
du warst ein Stück von mir

Dann gingst du
ich konnte dich nicht halten
du hattest gekämpft
ich war an deiner Seite

Du bist nicht mehr da
der Schmerz frisst mich auf
überall ist ein Stück von dir
aber nicht mehr du

Helligkeit von dir
ist aus meinem Leben
getreten, grau nimmt
Besitz von mir

manchmal höre ich dein Lachen
spüre deine Fröhlichkeit
dann kommt wieder
die Dunkelheit zurück

Das Urteil

Beschuldigt

Sie beschuldigte ihn
er stritt es ab
sie gab Details bekannt
er konnte sie nicht widerlegen

bei der Vernehmung wiederholte
sie die Anschuldigungen
genauso widersprach er
beteuerte seine Unschuld

Es gab keine Beweise
nur die Aussagen
er wusste nicht
wie er sie entkräften sollte

Er verlor seinen Job
wurde gemieden
Nachbarn sahen ihn nicht mehr
Freunde wendeten sich ab

Die Familie wurde gemieden
Kinder wurden beschimpft
es wurde unerträglich
sie verließen ihn

Er wurde immer verzweifelter
alles war so sinnlos geworden
als er sein Leben verlor
sagte sie

Er hat es nicht getan

Der Täter

Er war der Täter
sie zeigte ihn an
er widersprach

brachte sie Beweise
hatte er Zeugen
hielt etwas dagegen

es kam zum Prozess
sie wiederholte die Anklage
er sprach dagegen

hatte Zeugen
er stellte sie bloß und
machte sie lächerlich

sie konnte sich nicht wehren
hatte nur das Erlebte
hatte nur sich

das Urteil wurde gesprochen
sie war zerstört
er ging seinen Weg

Musik

Töne

Die Töne erfüllen den Raum
wer es zulässt
den nehmen sie in Besitz

Sie verändern die Seele
machen sie fröhlich
manchmal kommt Schwermut

manchmal schwebt die Seele
dann wird sie traurig
die Welt verliert an Bedeutung

Lässt man es zu
dann bewegt sich der Körper
im Rhythmus der Musik

Das Instrument

Sie fühlte sich verlassen
wusste nicht wohin
in ihrer Musik fand sie den Halt

Sie spielte ihr Instrument
in dem sie sich verlor
es gab ihr Stärke

Sie hatte etwas, das nur
ihr gehörte, das sie
niemals verlassen würde

In der Musik fand sie
die Fröhlichkeit, die Traurigkeit
die Melancholie. Mit den Tönen

lernte sie verstehen, was um sie
geschah, sie verlor die Angst
verlassen zu werden

Tanzen

Es brach über sie herein,
die Arbeit machte Probleme
Freunde waren nicht erreichbar
Familie forderte bis an die Grenzen

Sie saß da, die Gedanken
kreisten, Antworten
kamen nicht, stattdessen
immer neue Fragen

Sie setzte sich und stellte Musik an
die Musik rührte sie
sie konnte sich fallen lassen
Musik nahm Besitz von ihr

irgendwann erhob sie sich
nahm den Rhythmus auf
fing an, sich zu bewegen
fing an zu tanzen

ihr Kopf war nur noch
Musik, sie bestimmte
die Bewegung des Körpers
es war ein Rausch

sie tanzte bis zur Erschöpfung
entspannte sich
wurde müde und
lehnte sich zurück

ihr war leicht geworden
nichts, das sie belastete
war mehr schwer. Für alles
gibt es einen Ausweg

Die Komposition

Sie war da, diese Melodie,
sie ging ihm nicht mehr aus dem Kopf
Er schrieb sie nieder

Dann kamen die einzelnen Instrumente
er hörte sie in der Melodie
und gab ihnen die Noten

Bei jedem Instrument
veränderte sich die Musik
die Melodie blieb gleich

Aus der anfänglichen Melodie
wurde eine Komposition
es wurde ein Stück für ein Orchester

Harmonisch passte er alle Instrumente zusammen
einige wurden dominant
andere hielt er dezent zurück

Als er mit dem Stück fertig war
kam der Dirigent
um es mit seinem Orchester zu spielen

Hörte das Orchester
hörte den Raum
und fing an zu dirigieren

Er forderte die Spieler der Instrumente
bis die Idee des Komponisten hörbar wurde
Verband die Instrumente zu einem Klangkörper

Es wurden Instrumente herausgehoben
andere blieben im Hintergrund
er veränderte wieder, und hörte zu

Mit der Zeit hörte er die Komposition
es war die Musik des Komponisten
es war seine Interpretation

Der Flötenspieler

Es war laut, aggressiv
Menschen wollten sich nicht verstehen
jeder wollte gehört werden

Dann spielte ein Junge auf einer Flöte
eine ruhige Weise, durch den Lärm
vernahm man zarte Töne

Die Menschen waren erstaunt
obwohl sie nicht wollten
hörten sie zu

Sie wurden leiser
die Aggressivität nahm ab
die Musik nahm Besitz von ihnen

Ein Schleier des Friedens
legte sich über die Menschen
sie standen da und hörten

Das Konzert

Es war das erste Konzert
zu dem sie eingeladen wurde
Es eröffnete ihr eine ganz neue Welt

Das erste Mal hörte sie die Welt der Musik
Sah und hörte die Instrumente spielen
merkte die Harmonie des Zusammenspielens

Hörte die Gesamtheit des Orchesters
und dann doch wieder
den Ton des einzelnen Spielers

Bemerkte wie die einzelnen Instrumente
zu einer Einheit verschmolzen
Wie aus der Verschiedenheit ein Klang wurde

Sie begriff, dass das Zusammenspielen
vieler Menschen, wie bei einem Orchesters
die Harmonie in das Leben bringt

Träume

Sie hatte einen Mann
Kinder und ihre Eltern
sie alle wollten versorgt werden

Wenn sie zur Ruhe kam,
hörte sie Musik
und fing an zu träumen

Es war Bach der sie am besten
zur Ruhe kommen ließ
ihre Seele fing an zu schweben

Mit Vivaldi kam die Leichtigkeit
sie wurde jung und in ihren
Träumen fing sie an zu spielen

Oft wurden ihre Träume
von der Wirklichkeit
eingeholt, dann erschrak sie

Hart war sie, die Wirklichkeit
von allen wurde sie gefordert
und kam nicht zur Ruhe

Nur wenn Musik sie
in ihre Träume leitete
konnte sie sie selbst sein

Der Nachsatz

Wer in einem Orchester mal falsch spielt
stört das Stück
Wer permanent falsch spielt
zerstört es

Wer in einer Gemeinschaft mal falsch spielt
stört sie
Wer permanent falsch spielt
zerstört sie

Heimat

Der Ort der Ruhe

Du bist der Ort
an dem ich geboren wurde
wo ich laufen lernte
meine Sprache fand

wo ich in der Familie
sozial wurde, wo ich
mit anderen leben lernte
die mir Wärme gaben

wo ich andere verstehen lernte
die auch mich verstanden
musste ich fort von dir
wollte ich zurück

in die Gegend, die immer
in meinem Kopf bleibt
wo deine Kultur mein Leben bestimmt
die Menschen mir so vertraut sind

Du bist der Ort
an dem ich immer wieder zurückkomme
wo ich zur Ruhe komme
Du bist meine Heimat

Sehnsucht

In dem Land in dem sie geboren
wurden sie Fremde

Sie gingen in das Land zurück
aus dem ihre Urväter kamen

Sie ließen alles hinter sich
Land Haus und Freunde

Die Kinder wurden mitgenommen
ihre Freunde blieben zurück

In dem Land ihrer Väter
waren sie wieder Fremde

Die Kinder waren entwurzelt
sie fanden sich nicht zurecht

Sehnten sich zurück
zu dem Land aus dem sie kamen

Wieder zu Hause

Sie sind gegangen
weil sie der Arbeit folgten
bauten sich ihr Zuhause auf
fühlten sich wohl

eines Tages kamen sie zurück
wollten noch mal dahin
wo sie herkamen
wo sie aufwuchsen

als sie ankamen
war ihnen vieles vertraut
Erinnerungen kamen hoch
es war, als kamen sie nach Hause

Die Stadt hatte sich verändert
aber sie sahen die Stelle, wo der Bäcker
gewesen war, fanden die Stelle
wo ihre Schule gestanden hatte

sahen den Zaun, über den
sie zur Schule stiegen
hatten den Platz vor Augen
auf denen sie Fußball gespielt hatten

Menschen, die sie ansprachen
kannten sie nicht
waren ihnen aber sofort vertraut, es waren
die gleichen wie die, als sie gingen

hörten die Namen der Menschen
Namen, die früher fremd waren
sie sind Normalität geworden
die Menschen waren Einheimische

Zu dem Stimmengewirr von damals
gesellten sich neue Sprachen
Es waren wieder Menschen
aus anderen Ländern gekommen

wie damals fügten sie sich
in das Bild der Stadt ein
sie waren anders
aber irgendwie nicht fremd

Je länger sie blieben
desto mehr kamen Geschichten
aus der Kindheit zurück
Es war ihnen, als kämen sie nach Hause

So wurde ihnen klar
hier ist ihre Heimat

Alles verloren

Er hatte alles
eine Familie
ein Haus
einen Beruf

hatte Freunde
war anerkannt
liebte die Stadt
und das Land in dem er lebte

dann kamen sie
nahmen ihm alles
zuerst das Haus
dann die Familie

dann wollten sie auch sein Leben
er musste fliehen
wusste nicht wohin
lief einfach los

zuerst aus der Region
dann aus dem Land
war er müde
schlief er da ein, wo er war

er hörte von einem Land
in dem er sicher sei
jetzt hatte er ein Ziel
es war dieses Land

der Weg dorthin
war nicht einfach
aber was sollte es
er hatte ja nichts zu verlieren

er musste Menschen vertrauen
denen er nicht vertrauen wollte
es gab keine andere Möglichkeit
sonst wäre sein Weg zu Ende

es fanden sich immer Menschen
mit denen er weiterzog
Einige verlor er wieder
andere gingen bis zum Schluss

es waren Berge zu überwinden
Flüsse zu überqueren
Grenzen zu überwinden
dann kam das Meer

die Überfahrt war gefährlich
nicht alle kamen an
einige fielen über Bord
er sah Menschen sterben

als er an Land kam
wollte ihn keiner
er fühlte sich verloren
und allein

er musste weiter in das
Land, von dem er gehört hatte
dort hoffte er
auf Frieden und Ruhe

irgendwann kam er an
sah, dass hier Frieden herrschte
wollte zur Ruhe kommen
und hoffte auf eine neue Heimat

Ruhrgebiet

Wiederkommen

Als sie gingen lag
ein Grauschleier über dem Land
und es roch nach Schwefel

als sie wiederkamen
war das Land grün
und der Himmel blau

graue Steinberge
verschwanden, wurden zu
grünen Berglandschaften

Wälder wuchsen
Seen hatten sich gebildet
überall sah man grüne Auen

seltene Pflanzen
hatten sich hier ausgebreitet.
Tiere hatten sich angesiedelt

was geblieben war
die Vielfalt der Menschen
die Selbstverständlichkeit im Umgang

Vielfalt der Kulturen
wurde sichtbar
war überall zu spüren

es ist das Land
das die Kohle verlor
aber die Identität behielt

Es ist das Ruhrgebiet

Kohle und Stahl

Es ist das Land
aus dem die Kohle kam
danach der Stahl

das brauchte Menschen
sie kamen um zu arbeiten
die Familie blieb zurück

nach Jahren Arbeit wollten sie
das war ihr Plan, dorthin zurück
wo ihre Heimat war

sie kamen aus Polen
aus Italien, Tschechien
Russland und der Türkei

die Zeit verging
die hier arbeiteten
wollten nicht mehr zurück

Familien kamen nach
Kinder wurden hier geboren
fühlten sich in dem Land wohl

Dann gingen irgendwann
der Stahl, danach die Kohle.
die Menschen nicht

das Land war nicht mehr
schwarz vor Rauch
es roch nicht mehr nach Schwefel

es war bunt geworden
die Menschen brachten ihre Kultur mit
diese vermengte sich zu einer neuen

so wie das Land sich erneuerte
und grün wurde, veränderten
sich auch die Menschen

sie sind aufgeschlossen
für das Neue, und tolerant
gegenüber anderen

es ist das Land an der Ruhr
ein Schmelztiegel der Menschen
ein wunderbares Land

Hallo Ruhrgebiet

Hallo Ruhrgebiet
Ich bin ein Teil von dir
in dir geboren

Aufgewachsen
zwischen Zechen und Kokereien
Der Schnee wurde schnell schwarz

Meine Spielkameraden
kamen von überall her.
Aber keiner war mir fremd

Wir sahen die Städte wachsen
Erzählten unsere Väter, ging es
um Bergbau, Fußball und Tauben

Unsere Mütter waren zu Hause
versorgten uns, und unsere Väter
bearbeiteten den Garten

Es war die Zeit
als jeder jedem half
da war die Gemeinschaft

Heute, da ich erwachsen bin
gehe ich über grüne Berge
die früher steinige Halden waren

Ruhe mich an Seen aus, sind es welche
die durch den Bergbau entstanden
Gehe ich durch die Stadt

Sehe ich die Verschiedenheit
der Menschen, höre ihre
unterschiedlichen Sprachen

Das Ruhrgebiet verwandelt
vom Bergbau zu Hightech
Von Grau zu Grün

Ein Gebiet in dem
die Menschen strotzen
vor Selbstbewusstsein und Verbundenheit

Ein Gebiet, das sich
erneuerte und es
weiter tut

Die Macht

Die Macht

Er wollte die Zukunft des Landes verbessern
Sie wählten ihn
Er bekam die Macht, das Land zu verändern
Nutzte es um neu zu gestalten

Das Land veränderte sich
den Menschen ging es besser
Sie gaben ihm mehr Macht
sie wollten mehr

Die Macht machte ihn blind
Er sah nicht mehr, was das Volk wollte
machte ihn taub
Er hörte nicht zu, wenn man ihn warnte

Er verlor das Gefühl für die Menschen
Verlor den Sinn der Gemeinschaft
Er sah nur noch sich
und das, was für ihn gut war

Die Menschen die nicht seiner Meinung waren
wurden seine Feinde
Er verbot ihnen ihre Meinung
wenn sie noch was sagten, ließ er sie einsperren

Dann hatte er Angst vor denen, die einen kannten
der eine andere Meinung hatte
Ging gegen jedermann vor
die bei ihm Angst schürten

Er saß dann in seiner Zentrale
mit Menschen die ihm gehorchten
Es herrschte nur eine Meinung
Diskussionen gab es nicht

Es sammelten sich Menschen
die jemand suchten, der gegen ihn aufstand
und das Land in die Zukunft führt

Der Gipfel

Er wollte zum Gipfel
sein Ziel war ganz oben
nichts konnte ihn aufhalten

Menschen auf dem Weg sah er nicht
Oder drängte sie ab
sah nur seinen Weg

ob er andere gefährdete
oder sie zu Schaden kamen
er sah nur nach oben

am Gipfel angekommen
sah nur er seinen Erfolg
die Aussicht konnte er nicht genießen

dann kam der Abstieg
er ahnte nicht, wie schwer er war
wie mühsam und unbequem

als er stolperte fing ihn keiner auf
als er fiel war keiner da
der Weg wurde immer schwerer

bei dem Abstieg wurde es neblig
Sturm und Regen peitschten ihm ins Gesicht
es war nichts da, was ihm Schutz gab

Als er unten ankam, war er müde
und schwach. Wem sollte er
von seinem Erfolg erzählen

Der Gipfel II

Er sah den Gipfel
sein Wunsch war es
auch einmal den Gipfel zu erreichen

Er ging den Weg hinauf
traf er andere, grüßte er
wenn nötig, half er ihnen

verweilte ab und zu
sah das Schöne, blickte
zurück und sah was er geschafft hatte

oben angekommen
freute er sich über seinen Erfolg
genoss ihn und teilte ihn mit anderen

Beim Abstieg nickten ihm
alle zu, grüßten freundlich
und wünschten ihm alles Gute

Als er stolperte, wurde er aufgefangen
er hatte das Gefühl
nie allein zu sein

bei Sturm und Regen
wusste er sich unterzustellen
der Abstieg tat ihm nicht weh

unten angekommen, war er müde
aber nicht schwach
freute sich über das Erlebte

Andere kreuzten seinen Weg
baten ihn zu Tisch
dort fingen sie an zu erzählen

Das Fünf-Gänge-Menü

Man traf sich zum Arbeitsessen
zur Begrüßung ein Glas Sekt
man redete kurz
setzte sich zu Tisch

Er war üppig gedeckt
ein Fünf-Gänge-Menü
passendes Geschirr an jedem Platz
dazu das Besteck

Zu Anfang Häppchen
dabei Chardonnay
jetzt hatte man Zeit
und es wurde geredet

Dann kam die Suppe
danach der Fisch
vorzüglich bereitet
dazu der Riesling

in den Pausen
wurde geredet
auf der Einladung
standen die Themen

Der Hauptgang wurde gereicht
er war ausgezeichnet
zum Schluss
das Dessert

danach wurde noch lange geredet
man sprach über
den Hunger in der Welt

Die Erde

Die Erde

Sie gibt die Luft zum Atmen
Wasser zum Trinken
lässt die Tiere leben
die Pflanzen gedeihen, lässt zu

dass wir Menschen denken, wir aber
nutzen unser Wissen, um ihr Wunden
zu schlagen, die Luft zu verpesten
die Tiere zu quälen

wir hören nicht, wenn sie schreit
wir sehen nicht, wenn sie uns warnt
wir sprechen davon, sie zu heilen
und schlagen ihr weiter Wunden

wir sehen, dass sie verbrennt
merken, wenn sie sich
mit Fluten wehrt
uns mit Stürmen warnt

wir reden, dass wir sie
heilen müssen
stehen am Abgrund
und machen immer weiter

Erde

Hallo Erde
danke, dass ich auf dir leben darf
du lässt mich atmen
du sorgst für Nahrung und dass
ich mich bekleiden kann

Du stellst mir einen der
schönsten Orte zur Verfügung, nämlich
Mitbewohner, mit denen ich in Frieden leben kann
eine Familie, bei der ich mich aufgehoben fühle
wo jedem geholfen wird

Ich weiß, dass alles
nur geliehen ist. Eines Tages, wenn ich
dich verlasse, muss ich alles
zurücklassen, auch das, was ich
von den Vorgängern erhalten habe

Ich möchte mich entschuldigen
für das, was wir zerstört haben
die, die nach uns kommen
sollen auch hier
leben können

längst bist du ramponiert
vieles ist zerstört
oder wird noch zerstört
und wir können es doch nicht verhindern

Hallo Erde
wir versuchen kleine Wunden
die wir verursacht haben zu versorgen
gleichzeitig schlagen wir dir woanders noch
größere Wunden
Wir hätten die Möglichkeiten diese zu heilen
aber unser Egoismus steht dagegen

Wir wissen,
dass wir dich in renoviertem Zustand
unseren Nachfolgern überlassen müssen
die einen versuchen dich zu erneuern
die anderen fallen über dich her

Das sinkende Schiff

Sie sehen das Schiff sinken
stehen auf der Brücke
machen Vorschläge
wollen das Sinken verhindern

Sie schließen das Loch vorne
schneiden Stahl aus dem Heck
wundern sich, dass dort
Wasser einfließt. Je mehr

sie versuchen zu retten
desto mehr zerstören sie es
sie werden es nicht schaffen
den Untergang zu vermeiden.

Die Welt retten

Sie fingen an die Welt zu verstehen
standen auf um die Erde zu retten
hatten Angst ihre Zukunft zu verlieren
wollten auf der Erde weiterleben

Die anderen hörten ihnen zu
versprachen ihnen die Welt zu retten
sie hielten große Reden
machten viele Pläne

sie stellten Forderungen
verlangten von anderen
sprachen von dem großen Wurf
sie hatten immer neue Ideen

Sie baten aber um die Beachtung
die Wirtschaft darf nicht gefährdet werden
Arbeitsplätze müssen erhalten bleiben
es muss alles bezahlbar sein

Sie versprachen die Welt zu retten
diskutierten darüber
wägten alles ab
und blieben beim alten

Euer Land

Warum sagt ihr, das ist euer Land
ihr verwaltet es nur
für die, die nach euch kommen

meint ihr, mit euerm Leben
wird auch die Erde enden, ein Leben
nach euch werde es nicht geben

das Recht, diese Erde zu zerstören
habt ihr nicht, ihr werdet
es auch niemals bekommen

ihr benehmt euch als wäret
ihr das Größte, das Wichtigste
das Letzte, das es gibt.

wenn ihr tot seid
wird man sehen, wie wichtig
ihr gewesen seid

es bleibt ein Körper
zu nichts mehr nütze
den man verbrennt oder begräbt

Nachbarn

Ihre Felder wurden verwüstet
nun stehen sie am Zaun
sehen auf der anderen Seite fruchtbare Felder

Sie können sehen
wie auf der anderen Seite
alles im Überfluss vorhanden ist

Möchten gerne hinüber
um ein wenig
von dem was da ist, abzubekommen

Auf der anderen Seite kommt die Angst
vor denen, die da stehen
verstärken die Zäune

Sie schützen ihre Felder
verweigern den anderen den Zutritt
drängen sie zurück

Diese stehen nun da
und sehen, wie auf den Feldern
der Überfluss entsorgt wird

Das Dorf

Es war ein friedliches Dorf
Sie lebten von der Landwirtschaft
hatten nicht viel
waren aber zufrieden

Dann kamen Männer ins Dorf
bohrten auf ihren Ländern
nahmen ihnen das Land
zerstörten es ihnen

Gaben ihnen Arbeit
indem sie das Land aufwühlten
um Bodenschätze zu entnehmen
Verseuchten dabei das Land

Als keine Bodenschätze mehr da waren
ließen sie das Land zurück
Sie hatten das Land zerstört
Die Menschen waren ihnen egal

Sie mussten das Dorf verlassen
um überleben zu können.

Zukunft

Er war jung, war wissbegierig
er hatte keine Arbeit
und keine Zukunft

Dann hörte er von einem Land
in dem er seine Zukunft sah
Er verkaufte alles was er hatte
ließ alles hinter sich
und machte sich auf den Weg

Er lief tage-, wochenlang
fuhr auf Güterzügen mit
schmuggelte sich in Container
gab Menschen Geld
dass sie ihm weiterhalfen

Strandete mehrfach an Grenzen
wo ein Weiterkommen schier unmöglich schien
Überwand die Grenzen
hatte Angst dass man ihn erwischte
Aber seine Hoffnung war stärker

Dann kam das Meer
er wusste, viele Menschen verloren bei der
Überfahrt ihr Leben
Er hatte Angst
aber seine Hoffnung auf Zukunft war stärker

Er tat alles, um einen Platz auf einem
der Boote zu bekommen.
tagelang war er mit dem kleinen Boot unterwegs
eines Tages gelang es ihm, an Land zu gehen
nicht alle hatten die Überfahrt überlebt

Dann nochmal ein langer Weg
bis er das Land erreichte
in dem er seine Zukunft sah
als er sich dort meldete
sagte man ihm

keine Zukunft zu haben
ist kein Grund um bleiben zu können
er musste zurück

Worte

Die Angst

Er benutzte das Wort
verunsicherte die Menschen
versetzte sie in Angst

die Angst benutzte er
verbreitete sie mit dem Wort
über Szenen, die es nie gab

andere erniedrigte er, missbrauchte die
die seinem Wort glaubten, wollte sich mit ihnen
an die Macht bringen

die anderen standen auf
versuchten mit ihren Worten, ihn aufzuhalten
machten die Menschen nachdenklich

über das was er sagte
ihn machte das zornig
er wütete gegen sie

versuchte gegen sie vorzugehen
seine Worte reichten nicht aus
er versuchte es mit Gewalt

doch je mehr er das tat
desto mächtiger wurden
die Worte der anderen

Worte

Es war die Sehnsucht da
nach der Schönheit des Wortes
der Klarheit des Wortes
der Bestimmtheit des Wortes
nach seinem Verstehen

Man verfolgte sie
nahm sie gefangen
folterten sie
töteten sie
weil man Angst hatte
vor ihren Worten

diese hatten auch Angst
mussten alles über sich ergehen
lassen, gingen sogar in den Tod
aber sie wussten
ihre Worte
werden überleben

Die Suche nach Antwort

Er suchte nach Antworten
die Fragen wurden mehr
fand er eine Antwort
verschwand sie hinter neuen Fragen

Er wollte das Ergebnis
war ihm so nahe
wollte sich entscheiden
aber da war die nächste Frage

Er musste eine Entscheidung
treffen, wusste, wenn er entscheidet
kann es falsch sein
entscheidet er nicht, ist es falsch

Er tat nichts

Das Wort

Es ist das Wort
das dich traurig macht
das dich verletzt
das dich zerstört

es ist das Wort
das dich fröhlich macht
dich aufbaut
und dich stärkt

es ist das Wort
das Menschen entzweit
das stumm macht, dass sie
nicht zueinander finden

es ist das Wort
das Gewalt auslöst
dass Menschen einander verletzen
und Kriege auslöst.

es ist das Wort
das uns zueinander finden lässt
das Menschen versöhnt
das Frieden schafft

Es ist das Wort
das tröstet
mich wärmt
mich stolz macht

es ist dein Wort
für das wir
Verantwortung
tragen

Der Wind

Ein Wort, gesprochen
kann Wind entfachen
zum Sturm werden
einen Orkan auslösen

ein Wort kann dafür sorgen
dass der Wind sich dreht
dass er abflaut
das er sich legt

Die Zeit

Es ist die Zeit

Es ist die Sekunde
es ist die Minute
es ist die Stunde
es ist der Tag

Es ist die Zeit
in der du streitest
in der du zerstörst
in der du verletzt

Es ist die Zeit
in der du verurteilst
in der du ausgrenzt
in der du verlässt

Es ist die Zeit
in der du dich freust
in der du liebst
dich versöhnst

in der du trauerst
tröstest hilfst
Streit beendest, Freunde
findest, dich verliebst

Es ist die Zeit
die nie wiederkommt
wenn sie
vorbei ist

Noch Zeit

Die Politiker sagen
wir müssen was tun
aber es hat noch Zeit

Die Wirtschaft sagt
wir müssen was tun
aber es hat noch Zeit

Der Bürger sagt
wir müssen was tun
aber es hat noch Zeit

kurz vorm Untergang sagen alle
wir hätten etwas tun müssen
als wir noch Zeit hatten